curiosidad por

MCDONALD'S

McDonald's
HAMBURGERS
BILLIONS AND BILLIONS SERVED

POR RACHEL GRACK

AMICUS LEARNING

¿Qué te causa

curiosidad?

Curious About es una publicación de
Amicus Learning, un sello de Amicus
P.O. Box 227, Mankato, MN 56002
www.amicuspublishing.us

Editores: Ana Brauer y Grace Cain
Diseñadora de la serie: Kathleen Petelinsek
Diseñadora del libro e investigadora fotográfica: Sara Hood

Library of Congress Cataloging-in-Publication Data
Names: Koestler-Grack, Rachel A., 1973– author.
Title: Curiosidad por Mcdonald's / by Rachel Grack.
Other titles: Curious about McDonald's. Spanish
Description: Mankato, MN: Amicus Learning, [2026] | Series: Curiosidad por las marcas favoritas | Includes index. | Audience: Ages 6–9 | Audience: Grades 2–3 | Summary: "Who founded McDonald's? Spark elementary readers' curiosity about the popular fast food brand's history, products, and cultural impact with insightful questions and well-researched answers. Translated into North American Spanish. Includes table of contents, glossary, and index"— Provided by publisher.
Identifiers: LCCN 2024052129 (print) | LCCN 2024052130 (ebook) | ISBN 9798892006910 (library binding) | ISBN 9798892007511 (paperback) | ISBN 9798892008112 (ebook)
Subjects: LCSH: McDonald's Corporation—Juvenile literature. | McDonald's Corporation—Miscellanea. | Fast food restaurants—Juvenile literature. | Fast food restaurants—Miscellanea.
Classification: LCC TX945.5.M33 K6418 2026 (print) | LCC TX945.5.M33 (ebook) | DDC 338.7/616479573—dc23/eng/20250122
LC record available at https://lccn.loc.gov/2024052129
LC ebook record available at https://lccn.loc.gov/2024052130

Créditos fotográficos: Alamy Stock Photo/BirchTree, 2, 13, Everett Collection, 7, Robert Landau, 2, 5; Getty Images/Samir Hussein, 17, Scott Olson, 14–15, Tim Boyle, 6; Shutterstock/ATIKAN PORNCHAIPRASIT, 9, DFree, 17, Fred Duval, 17, Jonathan Weiss, cover, 1, kckate16, 10–11, Lenscap Photography, 18, makalex69, 16, Patcharaporn Puttipon4289, 19, Viktor_IS, 3, 20–21; The Noun Project/Daniel Llamas Soto, 22, Isabel Foo, 22, Made, 23, Miftah, 23; Wikimedia Commons/Gage Skidmore, 17, McDonald's, 8, McDonald's Corporation, 8, Steve Jurvetson, 17

Impreso en India

CAPÍTULO UNO

¿Cuándo abrió McDonald's?

En 1940. El primer McDonald's estaba en California. Los dueños eran Dick y Mac McDonald. Era un restaurante de barbacoa del tipo drive-in. La gente estacionaba sus autos y esperaba un **carhop**. El camarero les tomaba el pedido. Luego les llevaba la comida al auto. Este fue el comienzo de la famosa **marca** de alimentos.

El McDonald's más antiguo en funcionamiento abrió en 1953. Se encuentra en Downey, California.

El primer menú de McDonald's solo tenía nueve opciones.

¿McDonald's inventó la comida rápida?

No. La primera cadena de comida rápida fue White Castle. Tenía un menú pequeño y simple, por eso el servicio era más rápido. A los hermanos McDonald les gustó la idea. En 1948, inventaron el Sistema de Servicio Speedee. Era como una **línea de montaje** para hacer comida. Los pedidos estaban listos en minutos.

¿SABÍAS QUE...?

El vendedor Ray Kroc (derecha) compró la empresa en 1961 y convirtió a McDonald's en una cadena de comida rápida.

¿Qué son los Arcos Dorados?

Son el famoso **logo** de McDonald's. Los primeros locales tenían un arco sobre cada extremo del edificio, también había uno sobre el cartel del estacionamiento. Los viajeros veían con facilidad las brillantes luces amarillas. En 1962, se agregó un doble arco para que pareciera una M.

LOGO DE MCDONALD'S A LO LARGO DEL TIEMPO

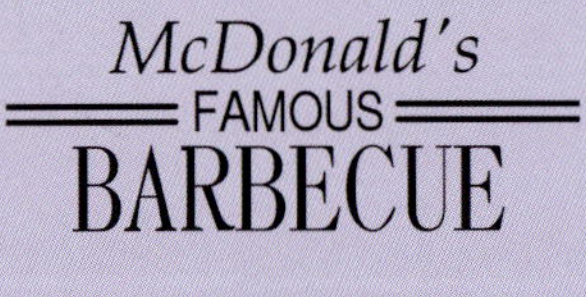

1940

1948

1953

1961

1975

1993

Los arcos están pensados para captar la atención.

¿Cuándo agregó McDonald's un drive-thru?

En 1975. Fue cerca de una base del ejército en Sierra Vista, Arizona. Los soldados no pueden usar su uniforme en público a menos que estén en servicio. Deben permanecer en sus autos, por lo que el dueño del local agregó una ventana corrediza. Los soldados podían llegar en sus autos y hacer el pedido sin bajarse.

Hay más de 25,000 drive-thrus en todo el mundo.

¿Cuántos McDonald's hay?

¡Más de 40,000! Atienden a millones de personas todos los días. Se los puede encontrar por todo el mundo. Y cada año abren miles de restaurantes nuevos. Solo en Estados Unidos hay más de 13,000 establecimientos. No tienes que viajar mucho para encontrar uno.

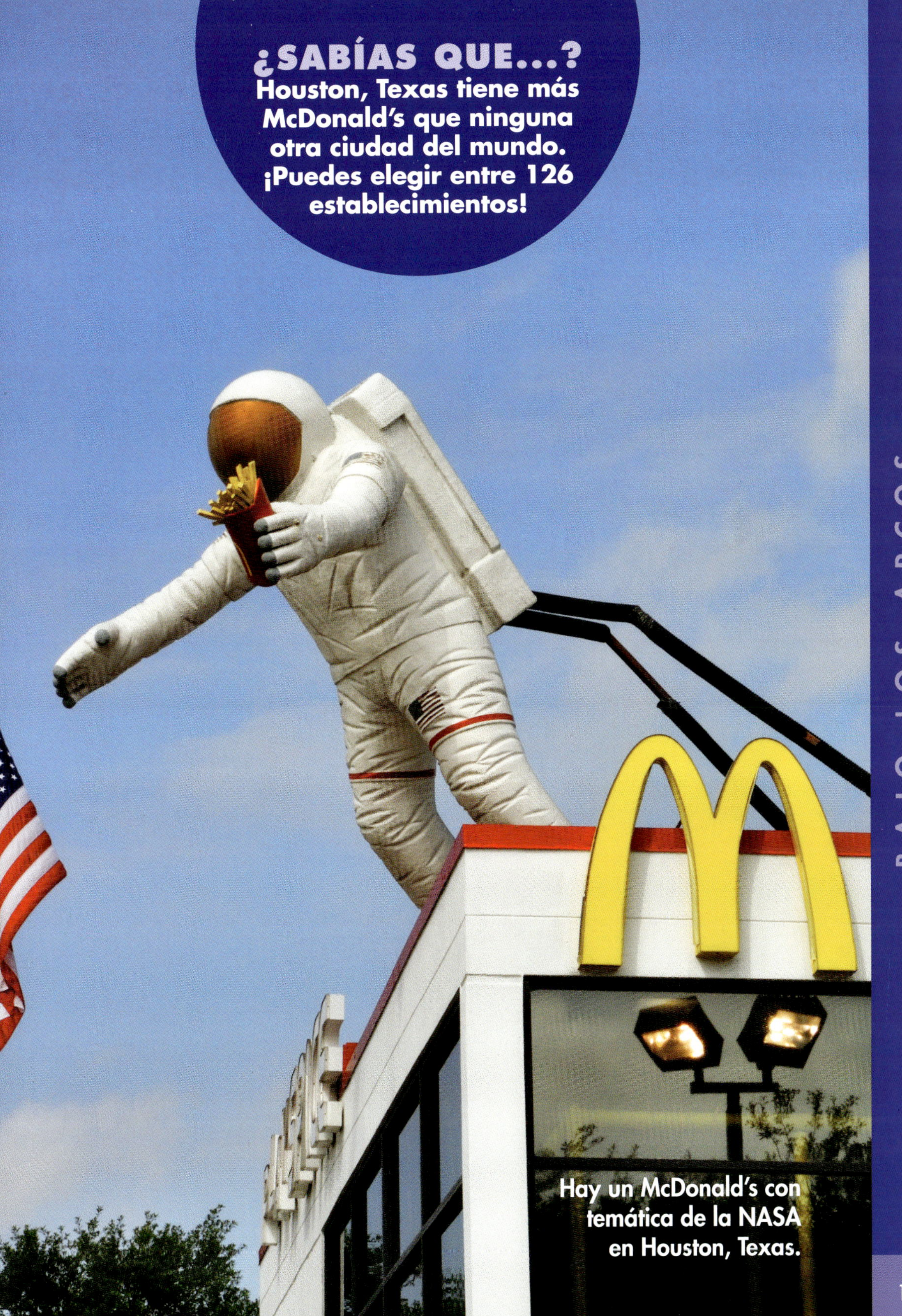

¿SABÍAS QUE...?
Houston, Texas tiene más McDonald's que ninguna otra ciudad del mundo. ¡Puedes elegir entre 126 establecimientos!

Hay un McDonald's con temática de la NASA en Houston, Texas.

CosMc's™
Order

¿Qué es CosMc's?

Es un derivado de McDonald's. Comenzó en 2023. Es un gran drive-thru. En el interior no hay mesas ni sillas. Puedes comprar café helado, bebidas frutales o té de burbujas para llevar. Puedes elegir entre sándwiches, bocaditos de pretzel o donas McPops para un snack.

En 2025 hay seis establecimientos de CosMc's en los EE. UU.

¿Yo podría trabajar en McDonald's?

A los trabajadores de McDonald's se los llama "el crew".

¡Claro! Pero tienes que tener al menos 14 años para postularte. McDonald's es un gran lugar para trabajar. La empresa también ofrece asistencia para la **matrícula** universitaria. Tu trabajo podría ayudarte a pagar la universidad. McDonald's es un primer trabajo popular para mucha gente. ¡Incluso algunos famosos han trabajado allí!

P!NK
CANTANTE Y COMPOSITORA

MARK HAMILL
ACTOR, PELÍCULAS DE *STAR WARS* (1977-1983, 2015-2019)

JEFF BEZOS
FUNDADOR DE AMAZON

RACHEL MCADAMS
ACTRIZ, *DOCTOR STRANGE* (2016), *MEAN GIRLS* (2004)

LIN-MANUEL MIRANDA
ACTOR Y COMPOSITOR, *HAMILTON* (2015)

¿Quién inventó la Cajita Feliz?

La caja de la Cajita Feliz fue diseñada por Bob Bernstein.

¡Buena pregunta! A mediados de los años 70, a Yolanda Cofiño, una gerente de Guatemala, se le ocurrió la idea de un menú infantil. En 1977, Bob Bernstein creó el nombre Cajita Feliz. Cada caja incluye un juguete. Los juguetes suelen ser personajes populares, como Hello Kitty.

Se venden unas 5,000 Cajitas Felices por minuto.

Los personajes de McDonald's suelen participar en el Desfile del Día de Acción de Gracias de Macy's.

¿Quiénes son los personajes de McDonald's?

¿SABÍAS QUE...?

En 1974, McDonald's abrió la asociación de caridad Casa Ronald McDonald. Ofrecen alojamiento a las familias que tienen niños en el hospital.

Los populares personajes incluyen a Ronald McDonald, el Hamburglar y los Fry Kids, pero Grimace es el más popular actualmente. Aunque no lo crean, se supone que es una papila gustativa gigante. Y de eso se trata McDonald's. ¡Comida deliciosa!

HAZ MÁS PREGUNTAS

¿Cuántos McDonald's hay en mi ciudad?

¿Qué hace McDonald's para marcar una diferencia?

Prueba con una PREGUNTA GRANDE: ¿Cuánta comida rápida se puede comer sin que nos haga mal?

BUSCA LAS RESPUESTAS

Busca en el catálogo de la biblioteca o en Internet.
Pueden ayudarte tus padres, un bibliotecario o un maestro.

Usar palabras clave
Busca la lupa.

Las palabras clave son las palabras más importantes de tu pregunta.

Si quieres saber sobre

- la cantidad de McDonald's en tu ciudad, escribe: MCDONALD'S EN (TU CIUDAD)
- qué hace McDonald's para marcar una diferencia, escribe: COMUNIDAD MCDONALD'S

McDonald's
McCafé

GLOSARIO

carhop Una persona que toma pedidos en la ventanilla de un auto y trae la comida al auto.

caridad Una organización que ayuda a personas necesitadas.

línea de montaje Una serie de trabajadores donde cada uno realiza una tarea para armar algo.

logo Una imagen o símbolo que representa a una compañía.

marca Un grupo de productos que pertenecen a la misma compañía.

matrícula Monto que se paga por la educación en una universidad.

ÍNDICE

Acerca de la autora

Rachel Grack es editora y escritora de libros para niños desde 1999. Vive en un pequeño rancho en el sur de Arizona. Como buena amante de las historias, lleva a Disney en su corazón. Disfruta ver cómo sus nietos juegan los juegos de Pokémon en su consola Nintendo 64.